Christina Kleiner-Röhr

Vollwertsuppen

Gesunde Suppen mit Gemüse, Kartoffeln, Getreide und Früchten

HÄDECKE VERLAG

ISBN 3-7750-0152-2

Fotos: Studio Gerlach, Frankfurt/Main

Satz: Schmid GmbH, Weil der Stadt.
Druck: W. Röck, Weinsberg, 1986.

Inhalt

Literaturnachweis

»Nutze die Heilkraft unserer Natur«
Dr. med. E. Schneider
Saatkorn Verlag, Hamburg

»Früchte der Erde«
Prisma Verlag, Gütersloh

Anstelle des in den Rezepten genannten Mixers können je nach Festigkeit des verwendeten Gemüses oder Obstes eine Raffel, ein Wiegemesser, eine Glasreibe und für weiche Früchte eine Gabel verwendet werden.

Die Zutaten gelten, soweit nicht anders angegeben, für 4 Personen.

Abkürzungen:

Eßl.	Eßlöffel
g	Gramm
l	Liter

Ein paar Worte voraus

Den Grund für die neue zeitgemäße Ernährungslehre hat der Schweizer Arzt Bircher-Benner gelegt. Von dem großen Ernährungsforscher Prof. Kollath wurde sie wissenschaftlich untermauert und von Dr. M. O. Bruker in jahrzehntelanger Praxis klinisch durchgeführt. Danach bemißt man den Wert einer Nahrung nicht mehr nach dem Gehalt an Kalorien und Nährstoffen, sondern nach ihrer Lebendigkeit und Natürlichkeit, d. h. nach ihrem biologischen Wert. Wer natürliche Lebensmittel genießt, braucht sich nicht mehr um Kalorien und den Gehalt an Fett, Eiweiß und Kohlehydraten zu kümmern. Es hat sich nämlich gezeigt, daß in der naturbelassenen Nahrung nicht nur alle Nährstoffe, sondern auch, was viel wichtiger ist, die biologischen Wirkstoffe enthalten sind, die für die Verwertung der Nahrung notwendig sind.

Heute faßt man diese Stoffe unter dem Begriff Vitalstoffe zusammen. Man versteht darunter die Vitamine, bei denen man wasserlösliche und fettlösliche unterscheidet, Mineralstoffe, Spurenelemente, Enzyme (in lebenden Zellen gebildete Stoffe-Fermente), ungesättigte Fettsäuren und Aromastoffe.

Nur wenn diese Vitalstoffe in einem richtigen Verhältnis in der Nahrung enthalten sind, ist die Nahrung vollwertig. Die Vitalstoffe, die in ursprünglichen

Umseitige Farbtafel: vorn Hafersuppe, S. 38 dahinter Hirsesuppe, S. 35 und Weizenflockensuppe, S. 41

Lebensmitteln noch anzutreffen sind, werden durch menschliche Eingriffe verändert, geschädigt bzw. gestört. Diese Denaturierung geschieht durch Erhitzung, Konservierung und Präparierung.

Um sich gesund zu ernähren und seinem Körper die gewünschte Form zu geben, sollte man drei Dinge unbedingt meiden:

1. Auszugsmehlprodukte
2. Alle Fabrikzuckerarten
3. Alle raffinierten Fette
   (Margarine, gewöhnliche Öle)

Und drei Dinge sollte man unbedingt essen:

1. Täglich 3 Eßl. frisches Getreide
2. Frische Salate, Obst und ungekochtes Gemüse
3. Naturbelassene Fette, wie Butter, Sahne und durch Kalt-Pressung gewonnene Öle

Da ältere Menschen oft Kauschwierigkeiten haben, bat mich unsere Kurärztin, Frau Prof. Dr. Günther, ein Vollwertsuppenbuch zu schreiben.

Die aus der Erfahrung entwickelten Rezepte wurden von den Gästen meines Sonnenschlößchens als wohlschmeckend, aromatisch, wohltuend und bekömmlich beurteilt.

Da die Geschmacks- und Bekömmlichkeitsfrage auch eine Frage der Gewürzdosierung ist, war der Apotheker, Herr Steiner, bereit, sein fachkundiges Wissen schriftlich festzuhalten.

So entstand eine gemeinsame Arbeit zwischen der Kurärztin, dem Apotheker und der Wirtin eines Hotels mit dem Ziel, auf diese Weise Kindern und vor allem auch älteren Menschen und Kranken eine vollwertige Ernährung anzubieten.

Bad Teinach, im Frühjahr 1986
Christina Kleiner-Röhr

Die Herausgabe dieses Kochbuches für Suppen ist sehr zu begrüßen und die Autorin verdient Anerkennung und Dank. Ein großer Prozentsatz unserer Patienten setzt sich aus älteren Menschen mit Altersproblemen zusammen, wie z. B. Kaustörungen aufgrund ihres Alters.

Zweifellos ist die Ernährung des alternden Menschen ein wichtiges Kapitel, da eine falsche und unzweckmäßige Ernährungsform eine ganze Reihe von Krankheiten verursachen kann.

Hier bietet eine flüssige Nahrung Möglichkeiten zur besseren Ernährung des älteren Menschen, dessen Kaufähigkeit nachgelassen hat.

Wir begrüßen das vorliegende Buch als Schritt in eine ernährungsbewußtere Zukunft.

Europäische Gesellschaft
zur Erforschung und Behandlung
von chronischen Schmerzen e. V.,
Zeppelinstr. 105, 7000 Stuttgart 1

Prof. Dr. med. F. M. Meissner, Präsident

Stellen Sie sich vor: Sie gehen durch die Gassen einer Stadt und riechen den Duft mittaglicher Essensvorbereitungen, hier Zwiebeln, dort Knoblauch, Liebstöckel, Thymian. Ihre Nase beginnt zu schnuppern, der Magen knurrt und im Munde läuft Ihnen das Wasser zusammen. Sie freuen sich auf ein baldiges Essen daheim. Dabei erliegen auch Sie nur allzu leicht der Tendenz unserer schnellebigen Zeit, auch die Mahlzeiten in Eile einzunehmen. Da es angeblich schneller geht, werden bevorzugt Industrieprodukte verwendet. Auf Jahrzehnte umgerechnet, führt solche Fehlernährung, verbunden mit Stress und wenig körperlicher Bewegung, zu Zivilisationskrankheiten wie Zahnzerfall, Rheuma, Fettsucht, Zuckerkrankheit, Leber-, Galle-, Magen-, Darm-, Bauchspeicheldrüsen- und Nierenschäden, ebenso Herz- und Gefäßkrankheiten, Nervenleiden, Krebsbereitschaft und mangelnder Infektabwehr.

Früher aßen die Menschen nach harter körperlicher Arbeit frisches Gemüse vom Acker oder wenig frisch gejagtes Fleisch. Vor 100 Jahren betrug der jährliche pro Kopf-Verbrauch an Fleisch bei uns noch 12 kg, 1980 hingegen 90 kg! Andrerseits »arbeitet« Ihr Körper weniger und braucht heute mehr denn je eine *vollwertige gesunde Ernährung,* die aus vitalen »Lebensmitteln«, im Gegensatz zu minderwertigen »Nahrungsmitteln« sich *schnell, abwechslungsreich und frisch* zubereiten läßt. Aus diesen Gedanken und aus dem Schatz langjähriger Bemühung um die zeitgemäße Vollwertkost nach Dr. Bircher-Benner, Prof. Kollath und Dr. Bruker, und ihrer großen Erfahrung als Dr. Bruker Schülerin präsentiert Ihnen Frau Kleiner-Röhr ihr *»Vollwert-Suppenbuch«.*

Sie benötigen hauptsächlich »Pflanzliches«. Durch die besonders ausgedachte Zubereitung werden Lebensmittel nicht zerkocht, sondern schonend ange-

daut, das heißt »aufgespalten«. Mund- und magengerecht angeboten gilt dann: Frisch verzehrt ist alles vollwert!
Diese Suppen machen nicht dick und sind hervorragend gerade für ältere Menschen geeignet.

Sie bieten
1. Flüssigkeiten als Transportmittel zum Lösen der Mineralstoffe und der wasserlöslichen Vitamine.
2. Durch ihre pürierte Form direkte Verdauungshilfe.
3. Auch dem kranken Körper Unterstützung durch den Inhalt an wenig denaturierten Stoffen aus ganzen Körnern (Schale und Innerem), Gemüsen und Früchten verbunden mit natürlichem Fett und passenden Kräutern, die die Verdauungsreaktionen optimal ablaufen lassen.

Doch genug geredet, kosten Sie und genießen Sie mit Muße!

Dr. Prof. Ulrike Günter, Kurarzt, Bad Teinach

Gute Gewürze — das »Salz« in der Suppe

Den Gaumen zu verwöhnen und dabei die Gesundheit zu bessern und zu erhalten ist das erklärte Grundprinzip der Autorin und das Anliegen dieses Buches. Gewürze spielen dabei eine wesentliche Rolle. Das folgende Kapitel soll zum phantasievollen Gebrauch von Gewürzen anregen und auch dem Kundigen noch einige brauchbare Tips geben.

Bei der Auswahl der Gewürze habe ich mich auf diejenigen beschränkt, die man in guten Gewürz- und Kräuterhandlungen in geprüfter und gleichbleibender Qualität erhält. Empfehlen möchte ich in jedem Fall Gewürzkräuter in kleinen Mengen zu erstehen und sie alsbald aufzubrauchen, um immer die höchste Würzkraft zur Verfügung zu haben. Dicht schließende Gefäße aus Glas oder Blech sind für die Aufbewahrung am besten. Der schlechteste Ort ist der über dem Herd oder in der Nähe davon, denn dort ist es oft warm und feucht.

Das wohl noch meistgebrauchte Würzmittel in der Küche ist das Kochsalz. In Rezeptsammlungen wird es allenfalls als Teelöffeleinheit oder in Form der unumgänglichen Prise erwähnt. In diesem Buch suchen Sie eine solche Angabe vergebens und dies zu Recht. Für den lebenserhaltenden Wasserhaushalt im Körper ist eine ausreichende Menge Salz zwar unerläßlich. Ohne Salz würde unser Organismus kaum Wasser speichern können und austrocknen. Die hierfür notwendige Menge ist aber in unseren Lebensmitteln in der Regel schon enthalten.

Die hohe Wasserbindekraft des Kochsalzes ist es auch, die zu etlichen Erkrankungen führen kann, wenn es zu reichlich verwendet wird. Der gefährliche Bluthochdruck und seine Folgeerscheinungen ist eine häufige Konsequenz von zu reichlichem Salzgenuß. In der Küche soll man daher sparsam damit umgehen und, wenn überhaupt, niemals so viel verwenden, daß es hervorschmeckt. Der Verzicht auf das Salzen der Speisen wird um so leichter fallen, wendet man sich dem Experimentieren mit Gewürzkräutern zu. Für die wenige Male, wo der Griff zum Salzfaß unerläßlich scheint, benütze man jodiertes Speisesalz oder Meersalz. Die Schilddrüse ist dankbar dafür. Nur wer unter einer Überfunktion derselben leidet, sollte vorher seinen Arzt fragen. Die Vielfalt des Pflanzenreiches und seine schier unerschöpflichen Verwendungsmöglichkeiten in der Küche eröffnet sich dem, der probiert. Sie ermöglicht dem Koch/der Köchin mit Phantasie aus Skizzen Gemälde zu zaubern, aus Aromen Impressionen zu gestalten, die auf der Zunge zergangen, im Gedächtnis haften. Suppen sind geradezu ideal, um den Eigengeschmack der Gewürze kennenzulernen. Besonders die einfache Gemüsebrühe oder auch die Kartoffelsuppe à la Schließmeyer ist als relativ neutrale Grundlage zum Experimentieren hervorragend geeignet. Die gesammelten Erfahrungen können anschließend auf andere Suppen und Gerichte angewandt und erweitert werden. Mit diesem Buch wird doch eine Lücke zum Wohl von Gesunden und Kranken geschlossen und die Suppe als das gewürdigt, was sie ist: eine köstliche Vorspeise oder krönendes Hauptgericht, vorzüglich dazu geeignet, die Verdauungsenzyme zu locken, den Magen zu öffnen, den Speisen den Weg zu bereiten und Wohlbehagen zu schenken.

Guten Appetit!

Ulrich Steiner, Apotheker, Bad Teinach

Gewürz	Bedeutung	Verwendung
Anis, Fenchel, Kümmel enthalten ätherische Öle ähnlicher Zusammensetzung	krampflösend, beruhigend, blähungszerteilend, verdauungsfördernd.	Kohl, Rote Bete, Kartoffeln
Basilikum, Pfefferkraut enthält ätherisches Öl	appetitanregend, fördert die Verdauung, kann Pfeffer und Salz entbehrlich machen, blähungszerteilend, beruhigend.	verfeinert Suppen und Gemüse
Bohnenkraut enthält ätherische Öle und Bitterstoffe	verstärkt das Aroma, regt Leber und Galle an, fördert die Fettverdauung.	grüne Bohnen
Curry ist eine Gewürzmischung mannigfacher Zusammensetzung von mildem bis hin zu sehr scharfem Geschmack. Enthält ätherische Öle, Bitter- und Gerbstoffe	wirkt vorbeugend gegen Magen- und Darmerkrankungen, fördert Verdaulichkeit der Speisen, wirkt anregend auf Stoffwechsel.	Getreidesuppen
Dill enthält ätherisches Öl, Kalium, Natrium, Schwefel, Phosphor	beruhigend und magenstärkend, windetreibend, bekämpft Gärungsbakterien im Darm, gut bei Verdauungsstörungen, Gallen- und Nierenbeschwerden.	Kartoffeln, Gurken

Gewürz	Bedeutung	Verwendung
Estragon ätherisches Öl, Aromastoffe, Bitterstoffe	gute appetitanregende Wirkung (andere arzneiliche Heilanzeigen sind wohl hauptsächlich mystischen Ursprungs).	frisches Kraut ist zu bevorzugen bei: Gemüse, Getreidesuppen. Tip: Getrocknetes Kraut läßt sich wieder anregen, indem man es einige Minuten in gutem Speiseöl ziehen läßt, bevor man es verwendet.
Gartenkresse oder Brunnenkresse Jod, Eisen, Vitamine A, D, E, viel Vitamin C, Bitterstoffe und Senföl, nur frisch verwenden	verdauungsfördernd, darmreinigend, vitaminreiche Salatkomponente, aktiviert Galle, Leber, Niere und den gesamten Verdauungsapparat.	Gemüsesuppen, Getreidesuppen
Kardamom sehr viel ätherisches Öl	wirkt gut appetitanregend und fördert die Magensaftproduktion.	wegen seiner Schärfe Kardamom nur sparsam verwenden. Rundet Suppen vorzüglich ab, auch an Obstgerichten schätzenswert.
Kerbel enthält viel Vitamin C, ätherische Öle	vitaminreich, feines Aroma, an Anis erinnernd.	hauptsächlich frisch verwenden, getrocknet zu wenig Würzkraft. Zu Eintöpfen und in Frühlingssuppen. Nicht mitkochen, sondern ganz zum Schluß zugeben.

Gewürz	Bedeutung	Verwendung
Knoblauch enthält Vitamin C, A, B1, ätherisches Öl mit Allin	antiseptisch, Blutdruckausgleichend, stärkt körpereigene Abwehrkräfte, fördert die Bekömmlichkeit der Speisen.	hebt das Aroma fast aller Speisen; besonders empfehlenswert für Suppen, Gemüse- und Eintopfgerichte.
Koriander enthält ätherisches Öl	ähnlich wie Kümmel, Fenchel und Anis blähungszerteilend, verdauungsfördernd und antiseptisch. Hilft Hülsenfruchtgerichte besser verdauen.	Kraut, Eintöpfe, Hülsenfruchtgerichte, zu Roter Bete, Bestandteil vieler Currysorten.
Liebstöckel enthält hauptsächlich ätherische Öle	als Gewürz verwendet, ist er magenfreundlich und verhindert übermäßige Gasbildung im Verdauungstrakt.	vorsichtig verwenden, weil er gern dominiert. Liebstöckel muß mitgekocht werden, damit sein Aroma »aufblüht«. Das frische Kraut ist dem getrockneten vorzuziehen; besser noch sind die Blätter allein. Paßt zu Gemüsesuppen und Getreidegerichten.
Lorbeer enthält ätherische Öle und Bitterstoffe	kräftige Würzkraft, fördert die Verdauung und Appetit, etwas blähungstreibend.	wegen der starken Würzkraft nur ganze oder halbe Blätter verwenden. In Kraut und Gemüse, gut harmonisierend mit Wacholderbeeren. Eintöpfe und Suppen, vor dem Servieren die Blätter aus dem Gericht entfernen.

Gewürz	Bedeutung	Verwendung
Majoran enthält ätherisches Öl, Bitter- und Gerbstoffe	verdauungsfördernd, blähungstreibend, krampflösend und beruhigend, in größe- ren Mengen wassertreibend durch eine Reizwirkung auf die Nieren.	für deftige Suppen, Gemüseeintöpfe.
Meerrettich Scharfstoffe, hauptsächlich Senföl	durchblutungsfördernd, kreislaufanregend, durch leichte Reizwirkung verdauungsför- dernd und appetitanregend. Wirkt gegen schädliche Darmbakterien und harndesin- fizierend.	als Suppengewürz. Die Schärfe kann durch Sahne, geriebe- nen Apfel, etwas Zitronen- oder Orangen- saft gemildert werden. Der frisch gerie- bene Meerrettich ist der beste, es gibt aber auch vorzüglichen in Tuben und Gläsern.
Muskatnuß enthält ätherische Öle	ein gut verträgliches Gewürz, das auch empfindlichen Personen gut bekommt — verwendet man es vorsichtig. Sein Eigengeschmack ist so stark, daß eine Spur zuviel ein Gericht erdrücken kann.	Muskatnuß ganz lagern und die erforder- liche Menge mit der Reibe pulverisieren und zugeben. Zu Reisgerichten, Kartoffelsuppen und Rosenkohl und anderen Gemüsen, Gemüseeintöpfe. Tip: Macis — der gepulverte Samenman- tel der Muskatnuß ist weniger scharf, fei- ner und vornehmer im Aroma.

Gewürz	Bedeutung	Verwendung
Paprika enthält außerordentlich viel Vitamin C, wechselnde Mengen Scharfstoffe, Capsicain, viel Kalium und Eisen	wirkt gegen Brüchigkeit der Blutgefäße. Verbessert die Fließeigenschaften des Blutes, schont den Kreislauf. Regt die Produktion von Speichel und Verdauungsfermenten an. Wirkt antiseptisch auf schädliche Darmbakterien. Regt die Nierentätigkeit an und wirkt schweißtreibend.	als Gewürz für Suppen gut geeignet, salzarme Kost zu bereichern.
Petersilie enthält ätherische Öle und bemerkenswerte Mengen an Vitaminen und Mineralstoffen	appetitanregend und verdauungsfördernd sehr bekömmlich auch für empfindliche Leber- und Gallenkranke. Man verwendet die Blätter oder die Wurzel. Die Samen enthalten zwar das meiste ätherische Öl, haben jedoch eine stark wassertreibende Wirkung und erhöhen die Krampfbereitschaft.	geschnittene, frische Blätter bereichern fast jedes Gericht. Zum Schluß kurz vor dem Servieren zugeben. Petersilienwurzel zu Suppen und zu Gemüse und Eintöpfen mitkochen oder ziehenlassen.
Piment enthält ätherische Öle	hervorragende Eigenschaft ist eine blähungszerteilende Wirkung. Wer häufig unter Blähungen leidet, der wird dieses Gewürz schätzen lernen und es oft verwenden.	stets als ganzes Korn oder zerdrückt verwenden und vor dem Servieren aus dem Gericht entfernen. Ein Kräutersäckchen, das man sich aus einem Teefilterbeutel macht, tut gute Dienste. Allerdings muß das Säckchen öfter umgebettet werden. Zu Gemüseeintöpfen und Suppen, Spinat!

18

Gewürz	Bedeutung	Verwendung
Pfeffer enthält ätherisches Öl, Piperin, das für die Schärfe verantwortlich ist. Ätherisches Öl ist flüchtig, deshalb sollte nur ganzer Pfeffer gelagert werden. Weißer Pfeffer ist milder und aromatischer als der schwarze, der unreif geerntet und mit der Samenschale in den Handel gebracht wird.	bei sparsamer Verwendung: anregend auf die Verdauungsdrüsen, erleichtert so die Verdauung der Speisen. Pfeffer erhöht die Beweglichkeit der Darmzotten und verbessert so die Ausnutzung der Nahrung, entlastet den Kreislauf.	als Gewürz zur Abrundung der Speisen.
Rosmarin enthält ätherisches Öl mit Kampferartiger Wirkung, Harze, Bitter- und Gerbstoffe	kräftigt und stärkt die Nerven und das Herz, bessert die Verdaulichkeit der Speisen und entlastet so den Kreislauf.	vorsichtig und fein zerrieben zu Kraut, Gemüsesuppen, Eintöpfen.
Salbei enthält ätherisches Öl, Gerb- und Bitterstoffe	wohltuend bei Verdauungsbeschwerden, kräftigend für Magen und Darm.	Suppen, Eintöpfe, Gemüse.

Gewürz	Bedeutung	Verwendung
Senf Senfkörner, Senfpaste enthalten viel fettes Öl, Eiweiß, Schleimstoffe und das Allylsenföl, das für Geschmack und Wirkung hauptsächlich verantwortlich ist.	fördert den Verdauungsprozeß, beschleunigt die Magen-Darm-Passage, wirkt antiseptisch gegen schädliche Darmbakterien.	neben der klassischen Verwendung zu fetten Speisen und Fleischgerichten, als ganze Körner mitgekocht zu Suppen, Kohlgerichten, zerstoßen zu Gemüseeintöpfen, weißen Bohnen und Rosenkohl.
Thymian enthält ätherische Öle	antibakterielle Wirkung, die Gährungsprozesse im Darm verhindert und Blähungen vernichtet, fördert die Fettverdauung.	für deftige Suppen und Eintöpfe.
Vanille ätherisches Öl, Vanillin	appetitanregende Wirkung des einzigartigen Aromas.	zu süßen Suppen, Fruchtsuppen.
Wacholderbeeren enthalten ätherisches Öl	leicht harntreibend, regt Galle und Leber an, fördert die Produktion der Verdauungssäfte. Wirkt antiseptisch gegen schädliche Darmbakterien. Hilft bei Blähungen und Durchfällen. Regelmäßige Verwendung mehrerer Beeren täglich, sowie Kuranwendungen können zu Nierenschädigungen führen.	eine oder zwei Beeren mitgekocht, evtl. im Kräutersäckchen, bereichern z. B. Sauerkraut und Eintöpfe.
Zimt enthält ätherisches Öl	wirkt verdauungsfördernd und appetitanregend.	zu Süßspeisen und Kompotten. Enthalten in Currymischungen.

Vitamin-Kunde

Durch die Vitamine werden die Stoffwechsel im Körper eingeleitet.

Vitamin A
Regt die Wachstumsvorgänge an und verhütet das Verhornen.

Provitamin A ist unter anderem vorhanden im grünen Blatt, in Wurzeln, Ölfrüchten, Aprikosen, Pfirsichen, Orangen, Bohnen, Erbsen, Gurken, Kohl, Butter, Käse, Vollmilch, Eigelb, Lebertran.

Vitamin B
dient der Pflanze zur Wurzelbildung. Ohne Vitamin B kann der Zuckerumsatz und die Verbrennung der Zuckerstoffe und der Kohlehydrate im Körper, ebenso der Fett- und Eiweißstoffwechsel nicht vor sich gehen.

Vitamin B ist unter anderem im grünen Blatt unter Einwirkung des Sonnenlichtes, in der Keimanlage aller Samen, Ölsaaten wie Leinsaat, Mohn, in Nüssen, Getreide, Hefe und Vollmilch enthalten.

Vitamin C
Aktiviert die Fermente, stärkt die Abwehr gegen Infektionen und Vergiftungen. Ist notwendig für den Zellstoffwechsel, die Funktion des Bindegewebes und des Knochenmarks.

Vitamin C ist unter anderem enthalten in Paprika, Zwiebeln, Salaten, Petersilie, schwarzen Johannisbeeren, Sanddorn, Hagebutten, Apfelsinen, Zitronen und Milch.

Vitamin D

Reguliert den Phosphor- und Kalkstoffwechsel. Fördert das Wachstum und die Zahnentwicklung.
Vitamin D ist unter anderem enthalten in Lebertran, Milch, Eiern, Butter, Pilzen, Hefe.

Vitamin E

Wirkt regulierend auf die Hirnanhangdrüse, den Kohlenhydrat-, Wasser- und Muskelstoffwechsel. Regeneriert das Bindegewebe, behebt Störungen der Fortpflanzungsorgane.
Vitamin E ist unter anderem enthalten in Getreide, Gemüse und Salaten, Eidotter, Milch, Butter.

Vitamin K

Veranlaßt die Leber, das zur normalen Blutgerinnung notwendige Ferment Prothrombin zu bilden.
Vitamin K ist unter anderem enthalten in Spinat, Blumenkohl, Weißkohl, Kartoffeln, Tomaten, Erdbeeren, Hagebutten, Pflanzenölen.

KARTOFFELSUPPEN

Der Hauptbestandteil der Kartoffeln, Stärke, ist leicht verdaulich und hoch sättigend.
Vor allem der bedeutende Gehalt an hochwertigem und vollständigem Eiweiß, der B-Vitamine und der Mineralstoffe gibt jeder Art von ungekochter Kartoffelsuppe seinen Wert. Sie ist Balsam für den Magen und wirkt entwässernd, leberschonend.
Aus ihrer Heimat Amerika kam die Kartoffel über Spanien nach Europa.
Sie enthält Eiweiß, Fett, Kohlenhydrate. Die Vitamine A, B_1, B_2, B_6, Niacin, C, E, K, Natrium, Kalium, Kalzium, Magnesium, Phosphor, Eisen, Mangan.

Kartoffelsuppe à la Schließmeyer

1 l Wasser
2 Gemüsebrühwürfel
300 g Kartoffeln
1/4 l flüssige Sahne
4 Eßl. gehackter Dill

Zubereitung
Das Wasser mit den Gemüsebrühwürfeln in einem Topf erhitzen.
Die Kartoffeln schälen, in kleine Stücke schneiden und mit der Gemüsebrühe im Mixer fein pürieren.
Das Gemix in einem Topf kurz aufkochen, die Herdplatte abstellen und 5 Minuten quellen lassen.
Die Sahne und den Dill untermengen und servieren.

Amerikanische oder Bunte Kartoffelsuppe

1 l Wasser
2 Gemüsebrühwürfel
300 g Kartoffeln
30 g Maiskörner
30 g Tomaten in Würfel geschnitten
30 g frische grüne Erbsen
2 Eßl. gehackte Petersilie

Zum Servieren:
50 g Knoblauchbutter

Zubereitung:
Das Wasser mit den Gemüsebrühwürfeln in einem Topf erhitzen.
Die Kartoffeln schälen, in kleine Stücke schneiden und mit der Gemüsebrühe im Mixer fein pürieren.
Das Gemix kurz aufkochen, die Herdplatte abstellen und die Suppe 5 Minuten quellen lassen.
Die Maiskörner, die Tomatenwürfel, die Erbsen und die Petersilie unter die Suppe mengen und mit Knoblauchbutter servieren.

Baltische Frühlingssuppe

1 l Wasser
2 Gemüsebrühwürfel
300 g Kartoffeln
80 g Sauerampferblättchen
2 Eigelb
20 g Butter

Zum Servieren:
Saure Sahne

Zubereitung:
Das Wasser mit den Gemüsebrühwürfeln in einem
Topf zum Kochen bringen.
Die Kartoffeln schälen, waschen, in die Brühe reiben
und aufkochen.
Den Sauerampfer waschen, fein hacken und hinzu-
fügen.
Die Suppe mit den Eigelben legieren und mit der
Butter anreichern.
Mit saurer Sahne servieren.

Umseitige Farbtafel: Amerikanische Kartoffelsuppe,
S. 24, Schwedische Kartoffelsuppe, S. 29.

Norwegische Kartoffelsuppe

1 l Wasser
2 Gemüsebrühwürfel
150 g Kartoffeln
100 g Kürbisfleisch
50 g Kürbiskerne
2 Eßl. gehackte Petersilie

Zubereitung:
Das Wasser mit den Gemüsebrühwürfeln in einem Topf erhitzen.
Die Kartoffeln und den Kürbis schälen, in Stücke schneiden und zusammen mit der Gemüsebrühe im Mixer pürieren.
Das Gemix kurz aufkochen, die Herdplatte abstellen, und 5 Minuten quellen lassen.
Die Kürbiskerne hinzufügen, die Suppe in eine Terrine füllen und mit Petersilie garnieren.

Kürbis
wirkt harntreibend, stuhlfördernd, darmentgiftend.

Schwedische Kartoffelsuppe

1 l Wasser
2 Gemüsebrühwürfel
300 g Kartoffeln
100 g Spinat, fein geschnitten
50 g geräucherter, in Würfel geschnittener Lachs
1 durch die Presse gedrückte Knoblauchzehe
2 Eigelb
100 g Schlagsahne

Zum Servieren:
etwas steif geschlagene Sahne
gehackter Dill

Zubereitung:
Das Wasser mit den Gemüsebrühwürfeln in einem Topf erhitzen.
Die Kartoffeln schälen, in kleine Würfel schneiden und mit der Gemüsebrühe im Mixer pürieren.
Das Gemix kurz aufkochen, die Herdplatte abstellen, und 5 Minuten quellen lassen.
Den Spinat und den Lachs hinzufügen, mit Knoblauchsaft würzen, mit Eigelb legieren und die Schlagsahne untermengen. Die Suppe in eine Terrine füllen und mit Schlagsahne und Dill garnieren.

Spinat
hilft bei Blutarmut und regt die Funktionen von Leber und Bauchspeicheldrüse an.

Französische Kartoffelsuppe

   1 l Wasser
   2 Gemüsebrühwürfel
300 g Kartoffeln
100 g Lauch (nur das Weiße)
   2 Knoblauchzehen, durch die Presse gedrückt
   2 Eßl. Tomatenmark

Zum Garnieren:
etwas Crème fraiche
etwas fein geschnittener Schnittlauch

Zubereitung:
Das Wasser mit den Gemüsebrühwürfeln in einem Topf erhitzen.
Die Kartoffeln schälen, in kleine Stücke schneiden und mit der Gemüsebrühe im Mixer pürieren. Das Gemix kurz aufkochen, die Herdplatte abstellen, und 5 Minuten quellen lassen.
Den Lauch in feine Ringe schneiden und mit dem Knoblauch und dem Tomatenmark unter die Suppe mengen. Die Suppe in eine Terrine füllen und mit Crème fraiche und dem Schnittlauch servieren.

Kartoffel-
Forellensuppe

1 l Wasser
2 Gemüsebrühwürfel
300 g Kartoffeln
100 g geräuchertes Forellenfilet
2 Eßl. gehackter Dill
100 g Schlagsahne

Zubereitung:
Das Wasser mit den Gemüsebrühwürfeln in einem Topf erhitzen.
Die Kartoffeln schälen, in kleine Stücke schneiden und mit der Gemüsebrühe in einem Mixer fein pürieren.
Das Gemix kurz aufkochen, die Herdplatte abstellen, und 5 Minuten quellen lassen.
Das Forellenfilet ebenfalls im Mixer pürieren und mit dem Dill und der Schlagsahne unter die Suppe mengen.

Ungarische Kartoffelsuppe

1 l Wasser
2 Gemüsebrühwürfel
300 g Kartoffeln
50 g rote Paprika
50 g grüne Paprika
1 kleine Zwiebel
etwas Rosenpaprikapulver
20 g Butter

Zubereitung:
Das Wasser mit den Gemüsebrühwürfeln in einem Topf erhitzen.
Die Kartoffeln schälen, in kleine Stücke schneiden und mit der Gemüsebrühe im Mixer pürieren.
Das Gemix kurz aufkochen, die Herdplatte abstellen, und 5 Minuten quellen lassen.
Die Paprika und die Zwiebel in sehr feine Würfel schneiden, und mit dem Paprikapulver unter die Suppe mengen.
Die Butter zerlassen und über die Suppe gießen.

Paprika
Frische Paprika regt den Gallefluß sowie Verdauungsvorgänge im Magen und Darm an. Hoher Vitamin C Gehalt.

Meerrettich-
Kartoffelsuppe

1 l Wasser
2 Würfel Gemüsebrühe
300 g Kartoffeln
100 g Schlagsahne
2—4 Eßl. Meerrettich, fein geraspelt
2 Eigelbe

Zubereitung:
Das Wasser mit den Gemüsebrühwürfeln in einem
Topf erhitzen.
Die Kartoffeln schälen, in kleine Stücke schneiden
und mit der Gemüsebrühe in einem Mixer fein pürieren. Das Gemüsegemix in einem Topf kurz aufkochen, die Herdplatte abstellen, und 5 Minuten quellen lassen. Die Sahne, die Eigelbe und den Meerrettich untermengen und servieren.
Der Meerrettich ist wegen seines hohen Kalium- und
Kalziumgehaltes besonders für ältere Leute sehr zu
empfehlen.

Meerrettich
Vermehrt die Verdauungskraft, wirkt anregend auf
sämtliche Drüsen des Magen-Darm-Kanals ein-
schließlich der Leber und der Bauchspeicheldrüse. Er
wirkt anregend auf die Nierentätigkeit, zugleich auch
bakterienhemmend bei Infektionen.
Stoffwechselanregend bei Rheuma und Gicht, steigert die Pumpleistung der Darmzotten.

Spanische
Kartoffelsuppe

1 l Wasser
2 Gemüsebrühwürfel
300 g Kartoffeln
200 g spanische Tomaten, in Scheiben geschnitten
200 g Avocado, in Scheiben geschnitten
2 Knoblauchzehen, durch die Presse gedrückt
2 Eßl. gehackter Majoran
100 g Schlagsahne, steif geschlagen
etwas Majoran zum Garnieren

Zubereitung:
Das Wasser mit den Gemüsebrühwürfeln in einem Topf erhitzen.
Die Kartoffeln schälen, in kleine Würfel schneiden und mit der Gemüsebrühe im Mixer pürieren.
Das Gemix kurz aufkochen, die Herdplatte abstellen, und 5 Minuten quellen lassen.
Die Tomaten, die Avocado, den Knoblauch und den Majoran unter die Suppe mengen und in einer Terrine anrichten.
Die Schlagsahne auf die Suppe geben und mit Majoran bestreuen.

Tomaten
Überreich an Vitamin A, B, C und E.

Avocado
Reich an Vitamin B2 und Eiweiß.

GETREIDESUPPEN

Hirsesuppe

1/2 l Wasser
1 Gemüsebrühwürfel
100 g Hirseflöckli
50 g Tomatenmark
50 g geraspelter Sellerie
50 g grüne frische Erbsen
etwas Zitronenmelisse, gehackt
oder Dillzweige

Zubereitung:
Das Wasser mit dem Gemüsebrühwürfel in einem Topf zum Kochen bringen, die Hirseflöckli einstreuen, kurz aufkochen, den Topf von der Kochstelle nehmen und 5 Minuten ausquellen lassen. Dann das Tomatenmark, Sellerie und die Erbsen zufügen, mit Zitronenmelisse garnieren und heiß servieren.

Hirse
Die Heimat der Hirse ist wahrscheinlich Indien. Von dort gelangte sie nach China und schließlich nach Europa. Schon im Mittelalter galt die Hirse als ein sehr beliebtes Volksnahrungsmittel.
Von allen Getreidearten ist die Hirse am reichsten mit Mineralstoffen ausgestattet: Kieselsäure, Magnesium, Kalium, Phosphor, Fluor und Eisen sind im ganzen Hirsekorn vorhanden.
Durch den hohen Gehalt an Kieselsäure stabilisiert sie die Fingernägel.

Grünkernsuppe

1/2 l Wasser
1 Gemüsebrühwürfel
80 g Grünkern, geschrotet
1 Zwiebel, in kleine Würfel geschnitten
100 g rote Paprika, in kleine Würfel geschnitten

Zum Garnieren:
2 Eßl. fein geschnittener Schnittlauch

Zubereitung:
Das Wasser mit dem Gemüsebrühwürfel in einem
Topf zum Kochen bringen, das Grünkernschrot ein-
streuen, kurz aufkochen, Topf von der Kochstelle
nehmen und 5 Minuten quellen lassen.
Die fein geschnittene Zwiebel etwas andämpfen und
mit dem Paprika unter die Suppe geben.
Mit Schnittlauch garnieren und heiß servieren.

Grünkern
Dieses schmackhafte Getreide wurde aus der Not
geboren. Unsere Vorfahren waren in einem verregne-
ten Sommer gezwungen, den nassen, nicht ganz aus-
gereiften Dinkel in die Kornkammern zu bringen.
Aus verständlicher Angst, daß die Körner faulen
könnten, dörrte man sie. Der würzige Geruch ver-
führte zur ersten Grünkernmahlzeit.
Grünkern enthält, ebenso wie Dinkel, Kalium, Phosphor, Eisen und Kieselsäure.

Wirkungsweise
Funktionssteigerung des Darms.

Buchweizensuppe

1/2 l Wasser
1 Gemüsebrühwürfel
80 g Buchweizen, geschrotet
100 g Wirsing
1 kleine in Würfel geschnittene Zwiebel
1 große in Würfel geschnittene Tomate

Zum Garnieren: etwas Petersilie

Zubereitung
Das Wasser mit dem Gemüsebrühwürfel in einem Topf zum Kochen bringen.
Den Buchweizen einstreuen, kurz aufkochen, Topf von der Kochstelle nehmen und 5 Min. ausquellen lassen.
Den Wirsing in feine Streifen schneiden, die Zwiebel dämpfen und mit den Tomatenwürfeln unter die Suppe geben. Mit Petersilie garnieren und heiß servieren.

Buchweizen
stammt aus Mittelasien. Die auf sandigem Boden angebaute Buchweizenpflanze gehört nicht zu den Gräsern, sondern zu der Familie der Knöterichgewächse.
Buchweizen enthält eine Fülle von Mineralien, besonders Eisen, Phosphor, Kalium, Kalzium, Magnesium, Fluor und Kieselsäure, Vitamin B_1, B_2, B_6 und viel Lysin, eine für uns wichtige Aminosäure. Da man die dreieckigen Samenkörner wie Getreide sehr gut zum Kochen und Backen verwenden kann, wird Buchweizen in der Vollkornernährung in die Reihe der echten Getreidearten mit einbezogen.

37

Hafersuppe

Zutaten für 2 Personen:
1/2 l Wasser
   1 Gemüsebrühwürfel
  80 g Haferschrot
100 g Champignons, in Scheiben geschnitten

Zum Garnieren:
100 g Schlagsahne, steif geschlagen
   2 Eßl. Petersilie

Zubereitung:
Das Wasser mit dem Gemüsebrühwürfel in einem Topf zum Kochen bringen. Das Haferschrot einstreuen, kurz aufkochen, den Topf von der Kochstelle nehmen und 5 Minuten ausquellen lassen.
Die Champignons zufügen, mit Schlagsahne und Petersilie garnieren und heiß servieren.

Hafer
Der Hafer stammt vermutlich aus Zentralasien. Er hat einen hohen Gehalt an Pantothensäure, Eiweiß, Kieselsäure, Kalzium, Phosphor, Magnesium, Mangan, Zink, Eisen und Fluor. Außer den Vitaminen B_1, B_2, B_6 und E enthält der Hafer auch das seltene Biotin (Vitamin H). Das Hafereiweiß wird vom Darm gut aufgenommen.

Wirkungsweise
Funktionssteigerung des Darms, wirkt aktivierend auf den Stoffwechsel, die Blutbildung, die Regeneration, die Knochenbildung und die Nierenfunktion. Steigert die körperliche und geistige Leistungsfähigkeit.

Roggensuppe

Zutaten für 2 Personen:
1/2 l Wasser
 1 Gemüsebrühwürfel
 80 g Roggenschrot
100 g Sauerkraut
 1 kleine, in Würfel geschnittene Zwiebel
 50 g zerlassene Butter

Zubereitung:
Das Wasser mit dem Gemüsebrühwürfel in einem Topf zum Kochen bringen.
Den fein geschroteten Roggen einstreuen, kurz aufkochen, den Topf von der Kochstelle nehmen und 5 Minuten ausquellen lassen.
Das Sauerkraut etwas kleinschneiden, die Zwiebel andämpfen und mit der Butter unter die Suppe geben.
Heiß servieren.

Roggen
Die Heimat des Roggens ist Kleinasien. Er hat sich seine Genügsamkeit erhalten und gedeiht auch noch in Gegenden, in denen kein Weizen mehr wächst. Roggen enthält B-Vitamine, Kalium, Phosphor, Fluor, Kieselsäure und Eisen.

Wirkungsweise
Funktionssteigerung des Darms. Bei Bauchspeicheldrüsenentzündungen und »Managerkrankheit« — wie nervöser Magen — langfristig Körnersuppen langsam genießen!

Weizensuppe

Zutaten für 2 Personen:
1/2 l Wasser
1 Gemüsebrühwürfel
80 g Weizenschrot
100 g getrocknete Steinpilze
(ca. 30 Minuten in heißem Wasser eingeweicht)
100 g Schlagsahne

Zum Garnieren:
2 Eßl. Petersilie

Zubereitung:
Das Wasser mit dem Gemüsebrühwürfel in einem Topf zum Kochen bringen.
Den Weizenschrot einstreuen, kurz aufkochen, Topf von der Kochstelle nehmen und 5 Minuten quellen lassen. Die Steinpilze kleinschneiden und mit der Schlagsahne vorsichtig unter die Suppe heben.
Mit Petersilie garnieren und heiß servieren.

Weizen
Der Weizenanbau ist uralt. Im Laufe der Zeit wurde aus den Wildformen Emmer, Einkorn und Zwertweizen unser heutiger Weizen gezüchtet. Der Mehlkörper des Weizenkorns ist nicht stark durchmineralisiert. Die Vitalstoffe, Eiweiß und Fett befinden sich vor allem im Keim, die Faserstoffe in den Randschichten. Darum ist es so wichtig, das ganze Korn für unsere Speisen zu verarbeiten. Weizen enthält B-Vitamine, Karotin (das vom Körper in Vitamin A umgewandelt wird), Kalium, Phosphor, Magnesium und Kieselsäure.

Wirkungsweise
Funktionssteigerung des Darms.

Weizenflockensuppe

Zutaten für 2 Personen:
1/2 l Wasser
   1 Gemüsebrühwürfel
  50 g Weizenflocken
100 g Rote Bete, fein geraspelt

Zum Servieren:
saure Sahne

Zubereitung:
Das Wasser mit dem Gemüsebrühwürfel in einem
Topf zum Kochen bringen.
Die Weizenflocken einstreuen, kurz aufkochen, den
Topf von der Kochstelle nehmen und 5 Minuten aus-
quellen lassen.
Danach die Rote Bete zugeben und mit saurer Sahne
servieren.

Dinkelsuppe

Zutaten für 2 Personen:
1/2 l Wasser
etwas Zimt
  80 g geschroteter Dinkel
  40 g Rosinen

Zum Servieren
4 Eßl. Schlagsahne, steif geschlagen
1 Eßl. gebräunte Mandelblättchen

Zubereitung:
Das Wasser mit dem Zimt in einem Topf zum Kochen
bringen.
Den Dinkel einstreuen, kurz aufkochen, den Topf von
der Kochstelle nehmen und 5 Minuten ausquellen
lassen.
Die Rosinen unter die Suppe mengen, in eine Terrine
füllen und mit der Schlagsahne und den Mandelblättchen servieren.

Dinkelsuppe, pikant

Zutaten für 2 Personen:
1/2 l Wasser
1 Gemüsebrühwürfel
80 g gemahlener Dinkel
50 g Kerbel
1 Becher saure Sahne
etwas geriebener Käse

Zubereitung:
Das Wasser mit dem Gemüsebrühwürfel in einem Topf zum Kochen bringen.
Den gemahlenen Dinkel einstreuen, kurz aufkochen, den Topf von der Kochstelle nehmen und 15 Minuten ausquellen lassen.
Den Kerbel fein schneiden und unter die Dinkelsuppe mengen.
Die Suppe in eine Terrine füllen und mit der sauren Sahne und dem geriebenen Käse servieren.

Dinkel
Die Heimat des Dinkels — eine Abart des Weizens — kann nicht genau ermittelt werden, man vermutet sie in Zentralasien, Südeuropa oder den Mittelmeerländern. Heute wird Dinkel fast nur noch in Baden-Württemberg und der Schweiz angebaut.
Dinkel enthält Kalium, Phosphor, Eisen und Kieselsäure sowie reichlich Klebereiweiß.

Wirkungsweise
Funktionssteigerung des Darms.

Gerstensuppe

Zutaten für 2 Personen:
1/2 l Wasser
1 Gemüsebrühwürfel
100 g Gerstenschrot
1 in Würfel geschnittene Zwiebel
1 Becher saure Sahne
1 Eßl. klein geschnittener Schnittlauch

Zubereitung:
Das Wasser mit dem Gemüsebrühwürfel in einem Topf zum Kochen bringen.
Das Gerstenschrot einstreuen, kurz aufkochen, den Topf von der Kochstelle nehmen und 5 Minuten ausquellen lassen.
Die Zwiebel nach Belieben etwas andämpfen und unter die Suppe geben.
Die Suppe in eine Terrine füllen und mit der sauren Sahne und dem Schnittlauch servieren.

Gerste
Der Gerstenanbau wurde schon in Altägypten nachgewiesen. Für den indogermanischen Raum wird die Gerste als ältestes Brotgetreide angesehen.
Die Gerste ist reich an Vitaminen und Mineralstoffen, vor allem Kalium, Kalzium, Phosphor und Kieselsäure.

Wirkungsweise
Funktionssteigerung des Darms.

GEMÜSESUPPEN

Auberginensuppe

1/2 l Wasser
  1 Gemüsebrühwürfel
200 g Auberginen, in Würfel geschnitten
100 g Tomaten, in Würfel geschnitten
  1 Zwiebel, in feine Würfel geschnitten
1–2 durch die Presse gedrückte Knoblauchzehen
  4 Eßl. Petersilie

Zubereitung:
Das Wasser mit dem Gemüsebrühwürfel in einem Topf zum Kochen bringen.
Die Auberginen- und Tomatenwürfel, Zwiebel, Knoblauch und Petersilie hinzufügen.
Die Suppe kurz erhitzen und in eine Terrine füllen.

Aubergine
Ostindien gilt als ihre Heimat. Sie enthält Eiweiß, Fett, Kohlehydrate, die Vitamine A, B_1, B_2, C, E, Niacin, Natrium, Phosphor und Eisen.

Avocadosuppe

1/2 l Wasser
  1 Gemüsebrühwürfel
400 g Avocado
  4 Eßl. Dill fein gehackt
100 g gekochte Krabben
  2 durch die Presse gedrückte Knoblauchzehen
100 g Schlagsahne, leicht geschlagen
etwas Pfeffer

Zubereitung:
Das Wasser mit dem Gemüsebrühwürfel in einem
Topf zum Kochen bringen.
Die Avocado schälen, entkernen, in Stücke schnei-
den und mit der Gemüsebrühe in einem Mixer pürie-
ren. Das Gemix kurz erhitzen.
Den Dill, die Krabben, den Knoblauch, die Sahne
und den Pfeffer unter die Suppe mengen.
Die Suppe in eine Terrine füllen und mit etwas
Schlagsahne und Dill garnieren.

Avocado
Reich an Vitamin B_2 und Eiweiß.

Grüne Bohnensuppe

1/2 l Wasser
1 Gemüsebrühwürfel
200 g Schnittbohnen
Bohnenkraut
Mandelstifte

Zubereitung:
Das Wasser mit dem Gemüsebrühwürfel zum Kochen bringen.
Die Schnittbohnen mit dem Bohnenkraut und den Mandelstiften hinzufügen und 10 Minuten kochen.
Die Suppe in eine Terrine füllen und servieren.

Bohnen
Die in Amerika angebaute Gemüsebohne brachten die Spanier nach Europa. Sie ist nur gekocht genießbar.
Die sogenannte »Giftigkeit« im rohen Zustand ist auf das Blausäure enthaltende Phasin zurückzuführen, das jedoch durch Kochen vollständig zerstört wird.
Sie enthält Eiweiß, Fett, Kohlenhydrate, die Vitamine A, B_1, B_2, B_6, C, K, Natrium, Kalium, Magnesium, Phosphor und Eisen.

Wirkungsweise
Anregende Wirkung auf die Drüsen des Darmkanals.

Blumenkohlsuppe

1/2 l Gemüsebrühe
400 g Blumenkohl
  2 Eigelb
100 g Sahne
  2 Eßl. Petersilie

Zubereitung:
Die Gemüsebrühe in einem Topf zum Kochen bringen. Einige Blumenkohlröschen zurückbehalten, den Rest in Stücke schneiden und mit der Gemüsebrühe in einem Mixer pürieren. Das Gemix mit den Röschen kurz kochen, mit dem Eigelb und der Sahne legieren. Die Suppe in eine Terrine füllen und mit der Petersilie bestreuen.

Kohl
Der Anbau von Kohl geht bis in das Neolithikum zurück und erfreut sich heute einer weltweiten Verbreitung.
Alle Kohlarten sind als Salat und als Gemüse verwendbar.
Sie enthalten Eiweiß, Fette, Kohlenhydrate, die Vitamine A, B_1, B_2, B_6, C, E, K, Natrium, Kalium, Kalzium, Magnesium, Phosphor, Eisen, Chlor, Mangan, Kupfer und Schwefel.

Wirkungsweise
Durch den geringen Natriumgehalt und den reichen Kaliumgehalt vermag Kohl Wasser aus dem Körpergewebe zu entziehen.

48

Grüne Erbsensuppe mit Maiskörnern

1/2 l Wasser
   1 Gemüsebrühwürfel
200 g Erbsen
100 g Maiskörner
Majoran nach Geschmack

Zubereitung:
Das Wasser mit dem Gemüsebrühwürfel in einem Topf zum Kochen bringen.
Die Erbsen pürieren und mit den Maiskörnern in die Brühe geben und kurz erhitzen.
Nach Geschmack mit Majoran abschmecken.

Erbsen
Die Erbsen stammen von der in Ober- und Mittelitalien heimischen und wild vorkommenden Ackererbse ab.
Sie schmecken frisch gepflückt am besten. Sie enthalten Eiweiß, Fett, Kohlenhydrate, die Vitamine A, B_1, B_2, B_6, C, E, Natrium, Kalium, Kalzium, Magnesium, Phosphor und Eisen.

Gurkensuppe (kalt)

1/2 l Gemüsebrühe
400 g Gurken
  2 durch die Presse gedrückte Knoblauchzehen
 50 g Sonnenblumenkerne

Zum Garnieren
feingewiegter Dill

Zubereitung:
Die Gemüsebrühe in einem Topf leicht erwärmen.
Die Gurke in Stücke schneiden und mit der Gemüse-
brühe in einem Mixer pürieren.
Die Knoblauchzehen und die Sonnenblumenkerne
unter die Suppe mengen.
Die Suppe in eine Terrine füllen und mit Dill
bestreuen.

Gurken
Die Heimat der Gurke ist in Nordindien zu suchen.
Sie enthält: Eiweiß, Fett, Kohlenhydrate, Natrium,
Kalium, Kalzium, Magnesium, Phosphor, Eisen, die
Vitamine A, B_1, B_2, B_6, C und Niacin.

Wirkungsweise
Harntreibende, stuhlregulierende und hautreinigende
Wirkung. Entsäuernde Wirkung durch hohen Basen-
überschuß.

Fenchelsuppe

1/2 l Wasser
1 Gemüsebrühwürfel
400 g Fenchel
4 Eigelb
100 g Sahne
4 Eßl. Fenchelgrün, fein geschnitten
50 g Mandelsplitter

Zubereitung:
Das Wasser mit dem Gemüsebrühwürfel in einem Topf zum Kochen bringen.
200 g Fenchel mit der Gemüsebrühe in einem Mixer pürieren. Den restlichen Fenchel in kleine Würfel schneiden und alles kurz erhitzen.
Die Suppe mit den Eigelben und der Sahne legieren, in eine Terrine füllen und mit dem Fenchelgrün und den Mandelsplittern bestreuen.

Fenchel
Fenchel wird vor allem in Italien, in Westeuropa und in den USA angebaut. Er ist als Salat und als Gemüse verwendbar. Er enthält Eiweiß, Fett, Kohlenhydrate, die Vitamine A, B_1, B_2, B_6, C, E, Natrium, Kalium, Kalzium, Magnesium, Phosphor, Eisen, Chlor, Mangan, Kupfer und Schwefel.

Wirkungsweise
Fenchel fördert die Verdauung.

Kohlrabisuppe

1/2 l Gemüsebrühe
400 g Kohlrabi
   1 Eigelb

Zum Garnieren:
gehackte Petersilie

Zubereitung:
Die Gemüsebrühe in einem Topf zum Kochen
bringen.
200 g von dem geschälten Kohlrabi mit der Gemüsebrühe in einem Mixer pürieren. Den restlichen Kohlrabi in kleine Würfel schneiden und alles zusammen
kurz erhitzen. Die Suppe mit dem Eigelb legieren, in
eine Terrine füllen und mit Petersilie bestreuen.

Kohlrabi
Die Heimat des Kohlrabi ist vermutlich Italien. Mit
Sicherheit kann seine Kultur in Europa seit dem 16.
Jahrhundert nachgewiesen werden.
Er enthält: Eiweiß, Fett, Kohlenhydrate, Natrium,
Kalium, Kalzium, Magnesium, Phosphor, Eisen,
Chlor, Mangan und Kupfer.
Ferner die Vitamine A, B$_1$, B$_2$, B$_6$, Niacin, Panto-
thensäure und Vitamin C.

Kürbissuppe

1/2 l Wasser
1 Gemüsebrühwürfel
400 g Kürbis
50 g Kürbiskerne
50 g zerlassene Butter

Zubereitung:
Das Wasser mit dem Gemüsebrühwürfel in einem
Topf zum Kochen bringen.
Den Kürbis schälen, in Stücke schneiden und mit der
Gemüsebrühe in einem Mixer pürieren. Das Gemüse
kurz erhitzen und die Kürbiskerne dazugeben.
Die Suppe in eine Terrine füllen und die zerlassene
Butter darüberfließen lassen.

Kürbis
Aus seiner Heimat, dem tropischen Amerika, kam
der Kürbis im 16. Jahrhundert über Italien nach
Deutschland.
Er enthält: Eiweiß, Fett und Kohlenhydrate, Natrium,
Kalium, Kalzium, Magnesium, Phosphor, Eisen, Vitamin A, B_1, B_2, B_6, Niacin und Vitamin C.

Wirkungsweise
Harntreibend und stuhlfördernd.

Möhrensuppe

1/2 l Wasser
1 Gemüsebrühwürfel
400 g Möhren
100 g frische grüne Erbsen
1 Eßl. gehackter Kerbel
1 Prise Salbeipulver
2 Eßl. flüssige Sahne

Zubereitung:
Das Wasser mit dem Gemüsebrühwürfel in einem Topf zum Kochen bringen.
Die geputzten Möhren in Stücke schneiden und mit der Gemüsebrühe in einem Mixer pürieren. Das Gemix mit den Erbsen kurz erhitzen, die Sahne unterrühren, Kerbel und Salbei hinzufügen. Die Suppe in eine Terrine füllen und mit der Petersilie bestreuen.

Möhren
Die Möhre ist verglichen mit dem Getreide eine junge Kulturpflanze. Der Anbau setzte erst während des 1. Jahrhunderts, vermutlich in Vorderasien ein. Mit den Arabern gelangte sie im 12. Jahrhundert nach Spanien und Italien und von dort in alle europäischen Länder. Sie ist roh, als Salat, Gemüse und als Bestandteil der Möhrentorte verwendbar.
Sie enthält Eiweiß, Fett, Kohlenhydrate, die Vitamine A, B_1, B_2, C, Magnesium, Eisen, Kalium, Phosphor, Arsen, Nickel, Kupfer, Jod und Mangan.

Wirkungsweise
Aufbauend, funktionsregulierend für Haut und Schleimhäute. Blutbildende und abwehrsteigernde Wirkung.

Paprikasuppe

1/2 l Gemüsebrühe
100 g roter Paprika
100 g grüner Paprika
100 g Tomaten
  1 kleine Zwiebel
  1 durch die Presse gedrückte Knoblauchzehe
etwas Cayennepfeffer
gerebelter Thymian

Zubereitung:
Die Gemüsebrühe in einem Topf zum Kochen bringen.
Paprika, Tomaten und Zwiebel in Würfel schneiden und mit dem Knoblauch in die Brühe geben. Die Suppe kurz erhitzen und mit etwas Cayennepfeffer und gerebeltem Thymian würzen.
In eine Terrine füllen und servieren.

Paprika
Aus ihrer Heimat Amerika brachten die Spanier die Paprika nach Europa.
Sie ist als Salat, Gemüse, gefüllt und überbacken verwendbar.
Sie enthält Eiweiß, Fett, Kohlenhydrate, die Vitamine A, B_1, B_2, C, E, Natrium, Magnesium, Phosphor und Eisen.

Wirkungsweise
Verbessert den Magensaft. Funktionsregulierende Wirkung für Darm und Schleimhäute.

Pfifferlingssuppe

1/2 l Wasser
  1 Würfel Gemüsebrühe
 40 g fein gemahlener Weizen
200 g Pfifferlinge
etwas Butter
  1 durch die Presse gedrückte Knoblauchzehe
  2 Eßl. Petersilie
100 g Schlagsahne
Muskatnuß
Petersilie

Zubereitung:
Das Wasser mit dem Gemüsebrühwürfel in einem Topf zum Kochen bringen und den Weizen einstreuen. Die Pilze waschen, putzen, in kleine Scheiben schneiden und in der Butter in einem Topf dünsten.
Die Pilze, den Knoblauch, die Petersilie und die Schlagsahne unter die Suppe ziehen. Muskatnuß nach Belieben darüberreiben.
Die Suppe in eine Terrine füllen und mit Petersilie bestreuen.

Pfifferlinge
Während der Gehalt an Fett, Eiweiß oder Kohlenhydraten bei den Pfifferlingen nicht bedeutend ist, darf man sie als Mineral- und Vitaminlieferanten in Anspruch nehmen.
Sie enthalten: Vitamin B_1, B_2, C, D und Niacin.

Steinpilzsuppe oder Steinchampignonsuppe

1/2 l Wasser
  1 Würfel Gemüsebrühe
 40 g fein gemahlener Hafer
200 g in Scheiben geschnittene Steinpilze
etwas Butter
  1 durch die Presse gedrückte Knoblauchzehe
  2 Eßl. Petersilie
100 g Schlagsahne
evtl. etwas Coriander
Petersilie zum Bestreuen

Zubereitung:
Das Wasser in einem Topf zum Kochen bringen, Gemüsebrühwürfel zufügen und den Hafer einstreuen. Die Pilze waschen, putzen, in kleine Scheiben schneiden und in Butter in einem Topf dünsten. Die Pilze, das Knoblauchmus, die Petersilie und die Schlagsahne unter die Suppe ziehen. Die Suppe in eine Terrine füllen und mit Petersilie bestreuen. Nach Wunsch mit ein paar Prisen Corianderpulver verfeinern, besonders bei magenempfindlichen Essern hilft dieses Gewürz verdauen.

Steinpilze und Champignons
Während der Gehalt an Fett, Eiweiß und Kohlenhydraten bei den Steinpilzen und Champignons nicht bedeutend ist, darf man sie als Mineral- und Vitaminlieferanten in Anspruch nehmen.
Champignons enthalten Vitamin B_1, B_2, C, H, D, Niacin und Pantothensäure.
Steinpilze enthalten Vitamin B_1, B_2, C und D, Niacin und Pantothensäure.

Porreesuppe à la Katrin

3—4 Stangen Lauch
500 g Kartoffeln
1 1/2 l Wasser
etwas Salz und Pfeffer
30 g Butter
1 Becher Crème fraîche

Zubereitung:
Den Lauch waschen und in Ringe schneiden, in Butter andünsten.
Die Kartoffeln waschen, schälen und in nicht zu kleine Würfel schneiden.
Die Kartoffeln zum Lauch geben, mit Wasser übergießen und 15 Minuten kochen lassen.
Mit Salz und Pfeffer abschmecken.
Zum Schluß einen Becher Crème fraîche unterrühren, in eine Terrine füllen und servieren.

Lauch
Die Heimat des Porree ist Vorderasien. Über Griechenland kam er im Mittelalter nach Europa. Er ist als Salat und als Gemüse verwendbar. Er enthält Eiweiß, Fett, Kohlenhydrate, die Vitamine A, B_1, B_2, C, E, Natrium, Kalium, Kalzium, Magnesium und Eisen.

Wirkungsweise
Anregende Wirkung auf die Darm- und Nierentätigkeit.

Rosenkohlsuppe

1/2 l Gemüsebrühe
400 g Rosenkohl
Butterflöckchen, Muskat
Mandelblättchen

Zubereitung:
Das Wasser mit den Gemüsebrühwürfeln zum Kochen bringen.
Den Rosenkohl kleinschneiden und hinzufügen, 10 Minuten kochen, mit Butterflöckchen und zwei Prisen Muskat anreichern, dann in eine Terrine füllen und mit Mandelblättchen bestreuen.

Rosenkohl
In der heutigen Form ist Rosenkohl erst seit Mitte des 18. Jahrhunderts aus Belgien bekannt. Er enthält: Eiweiß, Fett, Kohlenhydrate, Natrium, Kalium, Kalzium, Magnesium, Phosphor, Eisen, Chlor, Mangan und Kupfer. Die Vitamine A, B_1, B_2, B_6, Niacin, Pantothensäure, Vitamin C, E und K.

Rote Bete Suppe

1/2 l Wasser
  1 Würfel Gemüsebrühe
200 g fein geraspelte Rote Bete
  50 g geraspelte Haselnüsse
100 g Schlagsahne

Zubereitung:
Das Wasser mit dem Gemüsebrühwürfel in einem Topf zum Kochen bringen.
Die fein geraspelte Rote Bete mit der Gemüsebrühe in einem Mixer pürieren. Das Gemüse kurz erhitzen und die Haselnüsse mit der Schlagsahne unterrühren.
Die Suppe in eine Terrine füllen und servieren.

Rote Bete
Wahrscheinlich sind die Rote Bete von römischen Legionären zu uns gebracht worden.
Die Bezeichnung Bete hat nichts mit dem Begriff Beet zu tun, sondern stammt vom lateinischen Wort beta (Rübe).
Sie sind roh als Salat und gekocht als Gemüse und als Suppe verwendbar.
Sie enthalten: Eiweiß, Fett, Kohlenhydrate, die Vitamine A, B_1, B_2, B_6, C, Natrium, Kalium, Kalzium, Magnesium, Phosphor und Eisen.

Wirkungsweise
Harntreibend, blutreinigend und blutbildend.

Rotkohlsuppe

1/2 l Wasser
1 Gemüsebrühwürfel
200 g Rotkohl
2 Gewürznelken
1 Lorbeerblatt
3 Pimentkörner
50 g Kokosraspel

Zubereitung:
Das Wasser mit dem Gemüsebrühwürfel in einem Topf zum Kochen bringen.
Den klein geschnittenen Rotkohl und die Gewürznelken, Lorbeerblatt und Piment hinzufügen und 10 Minuten kochen. Die Gewürze wieder entfernen, die Suppe in eine Terrine füllen, mit Kokosraspel bestreuen und servieren.

Rotkohl
Zur Zeit der Hohenstauferkaiser wird diese Kohlart erstmalig erwähnt. Im 14. Jahrhundert wurde sie in Holland in großem Maßstab kultiviert.
Er enthält: Eiweiß, Fett, Kohlenhydrate, Natrium, Kalium, Kalzium, Magnesium, Phosphor, Eisen, Chlor, Mangan und Kupfer. Die Vitamine A, B_1, B_2, B_6, Niacin, Pantothensäure, Vitamin C und E.

Umseitige Farbtafel: vorn Möhrensuppe, S. 54, links Zucchinisuppe, S. 70, hinten Rotkohlsuppe, S. 61, rechts Gurkensuppe (kalt), S. 50.

Selleriesuppe

1/2 l Wasser
1 Gemüsebrühwürfel
200 g Sellerie
2 Eigelb
100 g Schlagsahne
50 g Walnußkerne
2 Eßl. Petersilie

Zubereitung:
Das Wasser mit dem Gemüsebrühwürfel in einem Topf zum Kochen bringen.
Den Sellerie schälen, in Stücke schneiden und mit der Gemüsebrühe in einem Mixer pürieren. Das Gemüse kurz erhitzen, mit dem Eigelb und der Schlagsahne legieren und die Walnüsse dazugeben. Die Suppe in eine Terrine füllen und die Petersilie darüber streuen.

Sellerie
Die Heimat des Sellerie ist Italien, wo sich sein Anbau im Laufe des 16. Jahrhunderts verbreitete. Er ist als Suppenzutat, Salat und als Gemüse verwendbar.
Er enthält Eiweiß, Fett, Kohlenhydrate, die Vitamine A, B_1, B_2, B_6, C, E, Natrium, Kalium, Kalzium, Magnesium, Phosphor und Eisen.

Wirkungsweise
Harntreibend.

Spargelsuppe

1/2 l Wasser
1 Gemüsebrühwürfel
300 g geschälter Spargel
2 Eigelbe
2 Eßl. Petersilie oder Dill oder Kerbel
100 g Schlagsahne, evtl. Zitronensaft

Zubereitung:
Das Wasser mit dem Gemüsebrühwürfel in einem
Topf zum Kochen bringen.
Den Spargel in Stücke schneiden und mit der Gemüsebrühe in einem Mixer pürieren. Das Gemix kurz
erhitzen und dann mit dem Eigelb, der Petersilie oder
Dill oder Kerbel und der Schlagsahne legieren. Evtl.
mit Zitronensaft abschmecken. In eine Terrine füllen
und servieren.

Spargel
Die Spargelkultur ist uralt. Ihre Heimat ist Ägypten.
Ihre Verbreitung verdanken wir den spanischen
Arabern.
Der Spargel ist zur Suppe, als Gemüse und Salat ver-
wendbar.
Er enthält Eiweiß, Fett, Kohlenhydrate, die Vitamine
A, B_1, B_2, B_6, C, E, Natrium, Kalium, Kalzium, Mag-
nesium, Phosphor und Eisen.

Wirkungsweise
Harntreibend.

65

Schwarzwurzelsuppe

1/2 l Wasser
1 Würfel Gemüsebrühe
300 g Schwarzwurzeln
abgeriebene Zitronenschale
etwas Zitronensaft zum Abschmecken
2 Eigelb
100 g Schlagsahne
50 g Mandelblättchen, gebräunt
2 Eßl. Petersilie

Zubereitung
Das Wasser mit dem Gemüsebrühwürfel in einem Topf zum Kochen bringen.
Die Schwarzwurzeln in Stücke scheiden und mit der Gemüsebrühe in einem Mixer pürieren. Das Gemüse kurz erhitzen, Zitronenschale und Zitronensaft nach Belieben unterrühren, und dann mit dem Eigelb und der Schlagsahne legieren. In eine Terrine füllen und servieren. Die Mandelblättchen und die Petersilie darübergeben.

Schwarzwurzeln
Die in Eurosibirien beheimatete Wurzel wird vor allem in West- und Mitteleuropa angebaut. Sie ist als Gemüse, Suppe und Salat zu verwenden. Sie enthält Eiweiß, Fett, Kohlenhydrate, die Vitamine A, B_1, B_2, C, E.
Sehr hoch ist der Gehalt an Mineralstoffen, Natrium, Kalium, Kalzium, Magnesium, Phosphor und Eisen.

Wirkungsweise
Nervenberuhigend und harntreibend.

Spinatsuppe

Zutaten für 2 Personen:
100 g Spinat
1 Zwiebel
1 Knoblauchzehe
1/4 l Gemüsebrühe
1 Tasse geschlagene Sahne
1 hartgekochtes Ei

Zubereitung:
Den Spinat waschen und mit der Zwiebel im Mixer pürieren. Zusammen mit der durch die Presse gedrückten Knoblauchzehe in 1/4 Liter Gemüsebrühe aufkochen. Die geschlagene Sahne vorsichtig unterziehen. Die Suppe in Tassen füllen und das in Scheiben geschnittene Ei auf der Suppe schwimmen lassen.

Spinat
Im iranischen Hochland dürfte der Spinatanbau seinen Anfang genommen haben. Im 16. Jahrhundert kam die Pflanze über Spanien nach Europa.
Er ist als Salat, Kochgemüse und als Püree verwendbar. Mit seinem hochwertigen Eiweiß-, Vitamin- und Mineralstoffgehalt steht er an der Spitze unserer Gemüse.

Wirkungsweise
Funktionsregulierende Wirkung für Darm, Haut und Schleimhäute. Der Spinat enthält eine ideale Kombination aller jener wichtigen Arzneistoffe, die wir als notwendig und wirksam für die Blutbildung kennen, nämlich Arsen, Kupfer, Jod, Eisen, Vitamin C und Blattgrün, das chemisch unserem Blutfarbstoff nahesteht.

Tomatensuppe

1/2 l Gemüsebrühe
600 g Fleischtomaten
1 kleine geriebene Zwiebel
100 g Schlagsahne
1 Prise Salbei
1 Prise Thymian
2 Eßl. Petersilie oder frisches Basilikum

Zubereitung
Die Gemüsebrühe in einem Topf zum Kochen bringen. Die Tomaten in Scheiben schneiden und mit der Gemüsebrühe in einem Mixer pürieren, Salbei und Thymian hinzufügen, kurz erhitzen und die Zwiebel und die Schlagsahne untermengen. Mit Petersilie oder Basilikum bestreuen.

Tomaten
Zur Zeit der spanischen Eroberung war der Tomatenanbau schon in Mittelamerika eingebürgert. Im 16. Jahrhundert brachten die Spanier die Frucht nach Südeuropa. Aber erst seit Anfang des 19. Jahrhunderts erfreute sie sich allgemeiner Beliebtheit in ganz Europa.
Sie ist zu Salat, Suppe, Gemüse und als Saft verwendbar. Sie enthält Eiweiß, Fett, Kohlenhydrate, die Vitamine A, B_1, B_2, B_6, C, E, Natrium, Kalium, Kalzium, Magnesium, Phosphor und Eisen.

Wirkungsweise
Tomaten erhöhen die Widerstandskraft. Als Blutbilder und zur Behandlung von Gicht, Nieren- und Kreislaufstörungen entfalten sie eine eindeutige Wirkung.

Wirsingkohlsuppe

1/2 l Wasser
  1 Gemüsebrühwürfel
400 g Wirsing
  2 Eßl. Leinsamen
  1 kleine Zwiebel
Corianderpulver
  50 g zerlassene Butter

Zubereitung:
Das Wasser mit dem Gemüsebrühwürfel in einem
Topf zum Kochen bringen.
Den Wirsing in Stücke schneiden und mit der Gemü-
sebrühe in einem Mixer pürieren.
Das Gemix kurz erhitzen, die Zwiebel fein reiben und
mit dem Leinsamen dazugeben. Mit Corianderpulver
abschmecken.
Die Suppe in eine Terrine füllen, die zerlassene Butter
darübergeben und sofort servieren.

Wirsing:
Vorläufer des heutigen Wirsingkohls sind wohl bereits
unter den aus dem antiken Rom beschriebenen Kohl-
sorten zu finden.
Er enthält: Eiweiß, Fett, Kohlenhydrate, Natrium,
Kalium, Kalzium, Magnesium, Phosphor und Eisen.
Die Vitamine A, B_1, B_2, B_6, Niacin und Vitamin C.

Zucchinisuppe

400 g Zucchini (Courgettes)
1/4 l Gemüsebrühe
  2 durch die Presse gedrückte Knoblauchzehen
  2 Eßl. Thymian gehackt
  1 Tasse Schlagsahne
  2 Eßl. halbierte Cashewnüsse oder Mandeln

Zubereitung:
Die Zucchini waschen, 300 g davon zusammen mit den Zwiebeln im Mixer pürieren. Danach in der Gemüsebrühe 2 Minuten kochen. Die restlichen 100 g Zucchini in feine Scheiben schneiden und hinzufügen. Mit dem Knoblauch und dem Thymian abschmecken. Die Sahne schlagen und zusammen mit den halbierten Cashewnüssen vorsichtig unterziehen.

Zucchini
Die Heimat der Zucchini ist Westindien und Mexiko. In Europa wird sie seit dem 16. Jahrhundert angebaut.
Sie ist als Salat und Gemüse verwendbar und enthält Eiweiß, Fett, Kohlenhydrate, Vitamine und Mineralien.

Zwiebel-Fenchel Suppe

1/2 l Gemüsebrühe
200 g Zwiebeln, gehackt
200 g Fenchel, püriert
2 Eßl. Fenchelgrün
evtl. etwas geriebener Parmesan

Zubereitung:
Die Gemüsebrühe in einem Topf zum Kochen bringen. Die gehackten Zwiebeln und den pürierten Fenchel hineingeben.
Das gehackte Grün unterheben. Evtl. mit etwas Käse bestreuen.

Zwiebel
Die Heimat der Zwiebel ist Vorder- und Mittelasien. Über Kreta gelangte sie zu den Römern, denen die Ausbreitung des Anbaues zu verdanken ist. Sie ist mit Ausnahme von Süßspeisen ein bei fast allen Gerichten beliebtes Gewürz und wird auch zu Zwiebelsuppen, gefüllten Zwiebeln und Zwiebelkuchen verwendet.
Sie enthält Eiweiß, Fett, Kohlenhydrate, die Vitamine A, B_1, B_2, B_6, C, E, Natrium, Kalium, Kalzium, Phosphor und Eisen.

Wirkungsweise
Reizwirkung auf den gesamten Verdauungstrakt und die zugehörigen Drüsen. Erhöht die Produktion der Darmsäfte. Desinfizierende Kraft gegen schädliche Darmbakterien und Fäulniserreger.

Knoblauchsuppe

7 Knoblauchzehen, kleingeschnitten
  etwas Olivenöl
1 l Gemüsebrühe
2 Eiweiß
2 Eigelb
2 Eßl. Kräuteressig
  etwas Pfeffer
  Brotwürfel
  Butter

Zubereitung:
Die Knoblauchzehen in einem Topf im Olivenöl glasig
dünsten. Die Gemüsebrühe dazugeben und kurz aufkochen.
Den Topf vom Herd nehmen und die Eiweiß unterziehen. Die Eigelbe mit dem Kräuteressig verquirlen,
untermengen und mit Pfeffer abschmecken.
Die Brotwürfel kurz in zerlassener Butter anrösten, in
eine Suppenterrine geben, die Knoblauchsuppe dar-
übergießen und servieren.

Knoblauch
Die Heimat des Knoblauchs ist Südeuropa und der
Orient. In der ganzen Pflanze findet sich das schwefel-
haltige ätherische Knoblauchöl. Die Schwefelverbin-
dungen sind für die Wirkung des Knoblauchs verant-
wortlich.

Wirkungsweise
Wirkt darmberuhigend, durchfallstillend, bakterientö-
tend, krampflösend, sekretionssteigernd und desinfi-
zierend, kreislauffördernd, blutdrucksenkend und
steigert die Widerstandsfähigkeit gegen Infektions-
krankheiten.

SÜSSE SUPPEN

Diese Suppen sind vorwiegend für ältere Leute notiert und deswegen nur für zwei Personen berechnet.

Ananassuppe

1/2 l Wasser
20 g Reismehl
1 Eßl. Honig
200 g pürierte Ananas
100 g in Stücke geschnittene Ananas
1 Eßl. Zitronensaft
50 g Schlagsahne

Zubereitung:
Das Wasser in einem Topf zum Kochen bringen. Das Reismehl einstreuen, kurz aufkochen, die Herdplatte abschalten und 10 Minuten quellen lassen. Die pürierte und geschnittene Ananas, den Zitronensaft und die Schlagsahne untermengen. In eine Terrine füllen und servieren.

Ananas
Die Ananas, eine Feldfrucht, ist im tropischen Amerika heimisch. Sie ist Labsal und Heilmittel zugleich und verbessert die Verdauungskraft des Magens.

Wirkungsweise
Ananas ersetzt den Magensaft. Sie enthält Eiweiß, Fett, Kohlenhydrate, die Vitamine A, B_1, B_2, Vitamin C, Niacin, Natrium, Kalium, Kalzium, Magnesium, Eisen und Phosphor.
Der Basenüberschuss beträgt + 5,4 %

Apfelsuppe

1/2 l Wasser
  30 g Reisschrot
200 g Äpfel
evtl. etwas Honig
  1 Teel. Curry
  50 g Mandelsplitter
  50 g Rosinen
oder 20 Ingwerstückchen
  50 g Schlagsahne

Zubereitung:
Das Wasser mit dem Reisschrot in einem Topf zum Kochen bringen. Herd abstellen, 100 g Äpfel pürieren und unter den Reisschleim mengen. 100 g Äpfel in kleine Würfel schneiden und der Suppe zufügen. Den Curry, die Mandelsplitter, die Rosinen oder die Ingwerstückchen mit der Schlagsahne untermengen. Die Suppe in eine Terrine füllen.

Äpfel
Der Apfel stammt aus Westasien und dem Balkan. Er ist als Salat, Mus, getrocknet und für Saft verwendbar.
Er enthält Eiweiß, Fett, Kohlenhydrate, die Vitamine A, B_1, B_2, C, Natrium, Kalium, Kalzium, Magnesium, Phosphor und Eisen.

Wirkungsweise
Funktionsregulierende Wirkung für Darm und Blut-Kreislauf. Durch das Pektin, den Steifungsstoff, kann das Wasser gebunden werden.
Hilft auch bei schweren Magen-Darmverstimmungen.

Aprikosensuppe

1/2 l Wasser
400 g Aprikosen
2 Äpfel
50 g getrocknete Aprikosen
evtl. etwas Honig
Abrieb von 1/2 Zitrone
1 Eßl. Zitronensaft
50 g Mandelblättchen
50 g Schlagsahne

Zubereitung:
Die entkernten Aprikosen und Äpfel mit dem Wasser pürieren, die getrockneten Aprikosen in kleine Würfel schneiden. Die Würfel mit dem Zitronensaft- und Abrieb, den Mandelblättchen und der Schlagsahne unter die Suppe mengen, in eine Terrine füllen und mit einem Tupfen Schlagsahne garnieren.

Aprikosen
Die Heimat der Aprikose liegt in der Mandschurei und Nordchina und reicht bis nach Turkestan. Über Armenien und Kleinasien gelangte sie im 1. Jahrhundert nach Italien und von dort in das übrige Europa. Sie ist für Süßspeisen, Backwaren, getrocknet, als Konfekt und für Saft verwendbar.
Sie enthält Eiweiß, Fett, Kohlenhydrate, die Vitamine A, B_1, B_2, C, Natrium, Kalium, Kalzium, Phosphor und Eisen.

Wirkungsweise
Funktionsregulierende Wirkung für Darm, Haut und Schleimhäute.

Birnensuppe

1/2 l Wasser
200 g Birnen
  1 Eßl. Honig
100 g Himbeeren
Abrieb und Saft von 1/2 Zitrone
  50 g Schlagsahne

Zum Bestreuen:
50 g gebräunte Mandelblättchen

Zubereitung:
Die Birnen mit dem Honig und dem Wasser in einem Mixer pürieren. Die Himbeeren, den Abrieb und Saft der Zitrone und die Schlagsahne unter die Suppe mengen.
Die Suppe in eine Terrine füllen und mit den gebräunten Mandelblättchen bestreuen.

Birne
Die Heimat der Birne ist Mittel- und Südeuropa, Kleinasien und Nordiran.
Sie ist für Süßspeisen, getrocknet und für Saft verwendbar.
Sie enthält Eiweiß, Fett, Kohlenhydrate, die Vitamine A, B_1, B_2, C, Natrium, Kalium, Magnesium, Phosphor und Eisen.

Wirkungsweise
Harntreibend.

Blaubeersuppe
Heidelbeersuppe

1/2 l Wasser
200 g Blaubeeren
 50 g Rosinen
Abrieb und Saft 1/2 Zitrone

Zum Servieren
2 Eßl. Schlagsahne

Zubereitung:
Das Wasser mit den Blaubeeren, den Rosinen und dem Zitronensaft und -Abrieb in einem Mixer pürieren.
Alles in einen Topf geben und kurz erhitzen. Dann die Suppe in eine Terrine füllen und mit der Schlagsahne servieren.

Blaubeeren/Heidelbeeren
haben einen hohen Vitamin A-Gehalt.

Wirkungsweise
Heilende Darmwirkung

Erdbeersuppe

1/2 l Wasser
20 g Hirseflöckli
400 g Erdbeeren
1 Eßl. Zitronensaft
1 Eßl. Honig
50 g Schlagsahne, leicht geschlagen
10 g fein gehackte Pistazien

Zubereitung:
Das Wasser mit den Hirseflöckli in einem Topf zum Kochen bringen, den Herd abschalten.
Die Erdbeeren mit dem Zitronensaft und dem Honig in einem Mixer pürieren und unter die Hirseflöcklisuppe mengen. Die Schlagsahne unter die Masse ziehen, in eine Terrine füllen und mit den gehackten Pistazien bestreuen.

Erdbeere
Die Heimat der Erdbeere ist Nordamerika. Im Jahre 1623 gelangte sie nach Europa.
Sie ist für Süßspeisen, Mus, Torten und Saft verwendbar.
Sie enthält Eiweiß, Fett, Kohlenhydrate, die Vitamine A, B_1, B_2, B_6, C, Natrium, Kalium, Kalzium, Magnesium, Phosphor und Eisen.

Wirkungsweise
Blut- und Darmreinigende Wirkung.

Himbeersuppe

200 g Himbeeren
1 Apfel
50 g Honig
1/2 l Wasser
2 Bananen
Abrieb und Saft von 1/2 Zitrone

Zum Servieren:
etwas Schlagsahne

Zubereitung:
Die Himbeeren, den entkernten Apfel und den
Honig mit Wasser in einem Mixer pürieren. Die
Bananen in Scheiben schneiden und mit dem Abrieb
und Zitronensaft unter die Suppe mengen.
Die Suppe in eine Terrine füllen und mit etwas
Schlagsahne garnieren.

Himbeere
Die Himbeeren wurden wahrscheinlich erst im Mittel-
alter kultiviert, vornehmlich durch die Klostergärten.
Sie enthält Eiweiß, Fett, Kohlenhydrate, die Vitamine
A, B_1, B_2, B_6, C, Natrium, Kalzium, Magnesium,
Phosphor und Eisen.

Wirkungsweise
Die Himbeeren regen die Darmbewegung an und
entsäuern durch ihren Basenüberschuß das Gewebe.

Holundersuppe

1/2 l Wasser
200 g Holunderbeeren
 50 g Honig
Abrieb und Saft 1/2 Zitrone

Zum Servieren:
2 Eßl. Schlagsahne
Mandelblättchen

Zubereitung:
Das Wasser mit den Holunderbeeren, dem Honig,
dem Zitronenabrieb und -Saft in einem Mixer
pürieren.
Alles in einen Topf geben und kurz erhitzen. Dann die
Suppe in eine Terrine füllen und mit der Schlagsahne
und den Mandelblättchen servieren.

Holunder
hat einen hohen Vitamin B- und A-Gehalt.

Wirkungsweise
Blutreinigend, blutbildend, harn- und schweiß-
treibend.

Honigmelonensuppe

1/2 l Wasser
1 Apfel
400 g Honigmelone
50 g Rosinen
1 Eßl. Zitronenmelisse
50 g Mandelblättchen
50 g Schlagsahne

Zubereitung:
Das Wasser mit 200 g Honigmelone und dem Apfel
in einen Mixer geben und pürieren. Die Rosinen, die
Zitronenmelisse, die restliche, in kleine Stückchen
geschnittene Honigmelone, die Mandelblättchen und
die Schlagsahne untermengen.
Die Suppe in eine Terrine füllen.

Melone
Die mit der Gurke verwandte Melone stammt aus
Asien und Afrika. Sie gehört zur Familie der Kürbis-
gewächse und ist ein hervorragender Durstlöscher.
Sie sollte frisch als Vorspeise genossen werden. Sie
enthält Eiweiß, Fett, Kohlenhydrate, die Vitamine A,
B_1, B_2, B_6, Natrium, Kalium, Kalzium, Magnesium,
Phosphor und Eisen.

Wirkungsweise
Harntreibend, stuhlregulierend, hautreinigend.

Umseitige Farbtafel: Ananassuppe, S. 73,
Erdbeersuppe, S. 78, Apfelsuppe, S. 74.

Kirschsuppe

1/2 l Wasser
20 g Reismehl
100 g Kirschen, entsteint .
200 g pürierte Kirschen
1 Eßl. Zitronensaft
50 g Schlagsahne
Mandelblättchen

Zubereitung:
Das Wasser in einem Topf zum Kochen bringen und
das Reismehl einstreuen. Die Kirschen, den Zitronensaft und die Schlagsahne unter den Reisschleim
mengen.
Die Suppe in eine Terrine füllen und mit den Mandelblättchen bestreuen.

Kirsche
Die Heimat der Kirsche ist das westliche Asien bis hin
zum südöstlichen Europa.
Sie enthält Eiweiß, Fett, Kohlenhydrate, die Vitamine
A, B_1, B_2, C, Natrium, Kalium, Kalzium, Magne-
sium, Phosphor und Eisen.

Wirkungsweise
Funktionsregulierende Wirkung für Darm, Haut und
Schleimhäute.

Pfirsichsuppe

1/2 l Wasser
20 g Hirseflöckli
1 Apfel
50 g getrocknete Aprikosen
200 g in Scheiben geschnittener Pfirsich
Abrieb und Saft 1/2 Zitrone

Zubereitung:
Das Wasser in einem Topf zum Kochen bringen und
die Hirseflöckli einstreuen. Den Apfel mit den getrockneten Aprikosen pürieren und mit den Pfirsich-
scheiben und der Zitrone unter die Suppe mengen.
Die Suppe in eine Terrine füllen und servieren.

Pfirsich
Die Heimat des Pfirsich ist Nord- und Mittelchina. Er
gelangte über Persien und Kleinasien nach Europa.
Er enthält Eiweiß, Fett, Kohlenhydrate, die Vitamine
A, B_1, B_2, C, Natrium, Kalium, Kalzium, Phosphor
und Eisen.

Wirkungsweise
Darmanregend und entwässernd.

Pflaumensuppe

1/2 l Wasser
400 g Pflaumen, entsteint
1 Apfel
50 g Trockenpflaumen
1 Eßl. Honig
etwas Zimt
Schlagsahne

Zubereitung:
Das Wasser mit den Pflaumen, dem entkernten Apfel, den Trockenpflaumen, dem Honig und dem Zimt in einen Mixer geben und pürieren.
In einem Topf etwas erwärmen, in eine Terrine füllen und mit Schlagsahne servieren.

Pflaume
Die Heimat der Pflaume ist Vorderasien. Von den Griechen gelangte sie im 2. Jahrhundert über die Römer nach ganz Europa.
Sie enthält Eiweiß, Fett, Kohlenhydrate, die Vitamine A, B_1, B_2, B_6, C, Natrium, Kalium, Kalzium, Magnesium, Phosphor und Eisen.

Wirkungsweise
Funktionsregulierende Wirkung für Darm und Kreislauf.

Schwarze Johannisbeersuppe

1/2 l Wasser
20 g Reismehl
200 g Johannisbeeren
50 g entsteinte Datteln
50 g Schlagsahne
1/2 Banane

Zubereitung:
Das Wasser in einem Topf zum Kochen bringen und das Reismehl einstreuen. Die Johannisbeeren mit den Datteln in einem Mixer pürieren und unter den Reisschleim mengen. Die Suppe in eine Terrine füllen und mit Schlagsahne und Bananenscheiben servieren.

Schwarze Johannisbeeren
Die schwarze Johannisbeere wird urkundlich das erste Mal 1750 erwähnt. Sie wird in drei Gruppen unterteilt, in die skandinavische, die russische und die atlantische. Die Johannisbeere wird eher in kühleren Regionen kultiviert.
Sie ist für Süßspeisen, Mus, Torten und für Saft verwendbar.
Sie enthält Eiweiß, Fett, Kohlenhydrate, die Vitamine A, B_1, B_2, B_6, C, Natrium, Kalium, Kalzium, Magnesium, Phosphor und Eisen.

Wirkungsweise
Anregend auf die Absonderung des Magen-Darmkanals und auf die Funktion des Dünndarms.

Weintraubensuppe

1/2 l Wasser
20 g fein gemahlener Buchweizen
1 pürierte Banane
200 g halbierte Weintrauben
Abrieb und Saft von 1/2 Zitrone

Zum Servieren:
Schlagsahne

Zubereitung:
Das Wasser in einem Topf zum Kochen bringen. Den
Buchweizen einstreuen, kurz aufkochen und 5 Minuten quellen lassen. Die Weintrauben, Saft und Abrieb
einer halben Zitrone und die pürierte Banane unter
die Suppe mengen, in eine Terrine füllen und mit
Schlagsahne garnieren.

Weintraube
Als Heimat der Weintraube werden die Kaukasuslän-
der angesehen.

Wirkungsweise
Die Grobstoffe der Zellen und des Kerngewebes
regen die Darmtätigkeit an.

Rezepte von A bis Z

Vollwert-Kochbücher

von Christina Kleiner-Röhr

Vollwertmenüs
Menüs für jede Jahreszeit 94 S., 4 doppelseitige Farbtafeln, Tabellen.

Vollwertkonfekt
Aus Nüssen, Mandeln, Obst und Honig. Süße
Genüsse ohne Gewissensbisse!
54 S., 2 doppels. Farbtafeln.

Schlank & fit mit Körnern & Salaten
3 Wochen Müesli und Salat satt!
Frischkost genießen und dabei abnehmen.
70 S., 4 doppels. Farbtafeln.

Vollkorn, Honig, Mandelkern
Das Vollwertbackbuch für die Weihnachtszeit, rund
50 Rezepte aus aller Welt.
80 S., 8 doppels. Farbtafeln.

Hädecke Bücher erhalten Sie in jeder Buchhandlung
und in vielen Reformhäusern. Ausführliche Informa-
tionen bei

HÄDECKE   VERLAG
Postfach 1203   D-7252 Weil der Stadt